MARC-ANTOINE RAIMONDI

ET SES DEUX PRINCIPAUX ÉLÈVES

AUGUSTIN VÉNITIEN ET MARC DE RAVENNE

CATALOGUE

DE LA MAJEURE PARTIE

DES

ESTAMPES QUI COMPOSENT L'ŒUVRE

DE

MARC-ANTOINE

D'Augustin Vénitien et de Marc de Ravenne

APPARTENANT A M. S. DE P.....

Dont la vente aura lieu le 19 Mai 1863

A 2 HEURES PRÉCISES

En l'Hôtel des Commissaires-Priseurs

RUE DROUOT, 5

SALLE N° 3, AU PREMIER ÉTAGE

M° **DELBERGUE-CORMONT**, Commissaire-Priseur,
rue de Provence, 8,
Assisté de **M. BLAISOT**, M^d d'Estampes, rue de Rivoli, 178.

EXPOSITION PUBLIQUE

Le Lundi 18 Mai 1863, de deux heures à cinq heures.

PARIS

RENOU & MAULDE

IMPRIMEURS DE LA COMPAGNIE DES COMMISSAIRES-PRISEURS
rue de Rivoli, 144.

1863

MARC-ANTOINE RAIMONDI

ET SES DEUX PRINCIPAUX ÉLÈVES

AUGUSTIN VÉNITIEN ET MARC DE RAVENNE

CATALOGUE

DE LA MAJEURE PARTIE

DES

ESTAMPES QUI COMPOSENT L'ŒUVRE

DE

MARC-ANTOINE

D'Augustin Vénitien et de Marc de Ravenne

APPARTENANT A M. S. DE P.....

Dont la vente aura lieu le 19 Mai 1863

A 2 HEURES PRÉCISES

En l'Hotel des Commissaires-Priseurs

RUE DROUOT, 5

SALLE Nº 3, AU PREMIER ÉTAGE

Mᵉ DELBERGUE-CORMONT, Commissaire-Priseur,
rue de Provence, 8,
Assisté de **M. BLAISOT**, Mᵈ d'Estampes, rue de Rivoli, 178.

EXPOSITION PUBLIQUE

Le Lundi 18 Mai 1863, de deux heures à cinq heures.

1863

CE CATALOGUE SE DISTRIBUE :

Paris.........	Chez MM.	DELBERGUE-CORMONT, r. de Provence, 8.
	—	BLAISOT, m^d d'estampes, rue de Rivoli, 178.
Amsterdam...	—	BUFFA et fils.
	—	BUFFA frères.
	—	GRUYTER.
Bâle..........	—	J. L. FUCHS et Cie.
Berlin........	—	J. F. LINCK.
	—	A. MAYER.
	—	ROCCA frères.
Bruxelles.....	—	ÉTIENNE LEROY.
	—	C. MUQUARD.
Cologne......	—	KRAUSS et ROTHE.
Dresde.......	—	E. ARNOLD.
Francfort.....	—	F. A. C. PRESTEL.
	—	SCHMERBER.
Leipsick......	—	R. WEIGEL.
	—	DRUGELIN.
Liège.........	—	VAN MARK.
Londres......	—	COLNAGHI.
	—	HOLLOWAY.
Mannheim....	—	ARTARIA et FONTAINE.
Munich.......	—	J. AUMULER.
	—	C. ZELLER.
Rotterdam....	—	LAMME.
Turin........	—	J. B. MAGGI.
Vienne.......	—	ARTARIA et Cie.

AVIS IMPORTANT

Bien que nous ayons dû cataloguer la totalité des Estampes qui composent cette Collection, des circonstances particulières nous obligent de prévenir le public qu'il n'en sera vendu qu'une partie, c'est-à-dire :

LE MARDI 19 MAI.
Du N° 1 à 74 et du N° 236 à 257.

La seconde Vente, comprenant les n°s 000 à 000, aura lieu ultérieurement.

CONDITIONS DE LA VENTE

Elle sera faite au comptant.

Les Acquéreurs paieront CINQ CENTIMES PAR FRANC en sus du prix des adjudications.

La plus grande partie des estampes qui composent l'œuvre de Marc-Antoine Raimondi et de ses deux principaux élèves : Augustin Vénitien et Marc de Ravenne, se trouve réunie dans cette Collection.

Messieurs les Amateurs, qui connaissent la difficulté, l'impossibilité même, en présence desquelles on se trouve quand il s'agit de former l'œuvre du célèbre graveur qui a reproduit avec un talent si original une notable partie des compositions de Raphaël, comprendront qu'un amateur éminent, celui auquel appartient cette Collection, ait passé près de cinquante années à la réunir (1).

(1) M. de Waldeck, aidé de cette collection, publiera prochainement un Catalogue complet de l'œuvre de Marc-Antoine et de ses élèves, accompagné de toutes les reproductions photographiées de format in-4°, d'après les estampes originales. Ces photographies seront exécutées par MM. Bisson frères.

Les recherches de notre savant collectionneur lui ont permis de rectifier certaines assertions erronées qui se rencontrent dans les ouvrages de ses devanciers sur le même sujet, comme aussi de restituer avec certitude à Marc-Antoine un assez grand nombre de pièces qu'on s'était jusqu'ici borné à lui attribuer.

Quelque sacrifice d'argent qu'on voulût s'imposer,
il ne faudrait pas songer aujourd'hui à posséder un
nombre aussi considérable de pièces gravées par
Marc-Antoine; de même qu'on ne pourrait espérer
de rencontrer, pures de tout dommages et de toute
restauration, certaine pièces fort rares. Messieurs les
Amateurs ont déjà compris que les restaurations,
faites avec talent et avec intelligence, n'ont d'autre
but que de conserver à l'iconographie le plus grand
nombre possible des productions de Raimondi.

Qu'une estampe, en effet, remarquable entre
toutes par la beauté de l'épreuve, ou à cause de son
insigne rareté, ait été doublée ou légèrement restaurée, la répudiera-t-on, et faudra-t-il se priver,
pour quelques détériorations qui n'altèrent en rien
le caractère général d'une telle œuvre, de posséder
un objet d'art et de haute curiosité? — Nous ne le
pensons pas, et nous avons consciencieusement si-
gnalé, dans ce Catalogue, les restaurations de toute
nature qui incombent à quelques-unes des estampes
décrites.

En les examinant avec soin, Messieurs les Amateurs se convaincront que nous sommes resté cons-
tamment dans les conditions de la sincérité la plus
scrupuleuse.

L'importance et l'extrême rareté d'un grand nombre de ces estampes sont connues de Messieurs les Amateurs; il serait impossible d'énumérer ici toutes celles qui mériteraient d'être citées, mais nous signalerons cependant : *Les Grimpeurs,* — *le Portrait de l'Arétin,* — *les Chanteurs,* — *le Berger et la Nymphe couchée,* — *le Joueur de violon,* — *la Jeune femme entre deux hommes,* — *David coupant la tête de Goliath,* — *Le Massacre des Innocents,* — *Dieu ordonnant à Noé de bâtir l'Arche,* — *le Saint Sébastien,* — *le Jugement de Paris,* — *les Deux Satyres, dont l'un porte une Nymphe,* — *Galathée, la Bacchanale, etc.;* — qui sont des pièces de la plus grande beauté, comme épreuves.

B. Blaisot.

CATALOGUE

DE LA MAJEURE PARTIE

DES

ESTAMPES QUI COMPOSENT L'ŒUVRE

DE

MARC-ANTOINE

D'AUGUSTIN VÉNITIEN ET DE MARC DE RAVENNE

Appartenant à M. S. de P.....

---

1 — Adam et Ève s'enfuyant du Paradis. — B. 2.

Marc-Antoine a gravé cette estampe d'après une peinture de Raphaël, à la Chapelle Sixtine. (Jolie épreuve.)

2 — Dieu ordonnant à Noé de bâtir l'arche. — B. 3.

Cette très-belle et très-rare estampe est gravée par Marc-Antoine, d'après Raphaël. Épreuve de la plus grande beauté et d'une parfaite conservation.

3 — Le Sacrifice de Noé. — B. 4.

Pièce gravée par Marc de Ravenne; très-belle épreuve. (Parfaite conservation.)

4 — Le Sacrifice d'Abraham. — B. 5.

Pièce gravée par Augustin Vénitien; belle épreuve. (Conservation parfaite.)

5 — Isaac bénissant Jacob. — B. 6.

Pièce gravée par Augustin Vénitien; Estampe rare.

6 — Dieu apparaissant à Isaac. — B. 7.

Pièce gravée par Marc de Ravenne, d'après le dessin de Raphaël. (Bonne épreuve.)

7 — La Manne. — B. 8.

Pièce gravée par Augustin Vénitien, d'après Raphaël. Rare épreuve, avant les contre-tailles sur la jambe droite de l'Enfant.

8 — Joseph et la femme de Putiphar. — B. 9.

Pièce gravée d'après Raphaël, par Marc-Antoine. Très-belle épreuve.

9 — David coupant la tête de Goliath — B. 10.

Pièce gravée par Marc-Antoine, d'après Raphaël; épreuve de la plus grande rareté; elle est avant la tablette. (Conservation parfaite.)

10 — David vainqueur de Goliath. — B. 11.

Très-jolie et rare épreuve de cette pièce de Marc-Antoine, d'après Raphaël.

11 — David vainqueur de Goliath. — B. 12.

Belle pièce gravée par Marc-Antoine dans sa première manière. La composition en est attribuée à François Francia.

12 — La reine de Saba. — B. 13.

Belle épreuve; elle est doublée, restaurée dans le haut.

SUJETS DU NOUVEAU TESTAMENT

13 — L'Annonciation. — B. 15.

On assure que le trait de cette estampe est de Marc-Antoine, et qu'elle a été terminée par Marc de Ravenne. Très-rare et jolie épreuve.

14 — La Nativité. — B. 16.

Très-belle pièce gravée par Marc-Antoine dans sa première manière. Elle est parfaite de conservation et extrêmement rare.

15 — Le Massacre des innocents. — B. 18.

Pièce dite au chicot. Très-belle épreuve. Une déchirure au milieu a été restaurée.

16 — Le Massacre des innocents. — B. 19.

Petite pièce gravée par Augustin Vénitien. Épreuve du 2e état. Très-rare.

17 — Le Massacre des innocents. — B. 20.

Répétition du n° 18 (sans le chicot).
Cette pièce, dont on attribue la gravure à Marc de Ravenne, est assurément de Marc-Antoine.

18 — Le Massacre des innocents. — B. 21.

Composition différente. (Copie A.) Très belle épreuve du 1er état; bien conservée.

19 — Jésus-Christ à table chez Simon le pharisien. — B. 23.

Épreuve du 1er état, très-belle et d'une conservation parfaite.

20 — La Cène. — B. 26.

Pièce gravée par Marc-Antoine, d'après Raphaël. Belle épreuve doublée. (Collection Réville.)

21 — La Cène. — B. 27.

Répétition du n° 26, par Marc de Ravenne. Jolie épreuve bien conservée.

22 — Portement de croix. — B. 28.

Pièce capitale d'Augustin Vénitien, d'après Raphaël. Superbe épreuve avec l'année 1517. Elle a été restaurée d'une déchirure.

23 — Jésus-Christ mis au tombeau. — B. 31.

Cette estampe est la copie en contre-partie de la pièce n° 30 de Bartsch. On suppose qu'elle a été gravée par Augustin Vénitien. (Sans marque.)

24 — La Descente de croix. — B. 32.

Gravée par Marc-Antoine, d'après Raphaël. Belle épreuve, mais en mauvais état.

25 — Les trois Saintes Femmes allant visiter le saint Sépulcre. — **B. 33.**

Pièce gravée d'après Michel-Ange, par Marc-Antoine. Belle épreuve bien conservée.

26 — La Vierge pleurant le corps mort de Jésus-Christ. (La Vierge dite *au bras nu.*) — **B. 34.**

Cette pièce, une des plus belles productions de Marc-Antoine, est gravée d'après Raphaël. Superbe épreuve, parfaite de conservation.

27 — La Vierge pleurant le corps mort de Jésus-Christ. — Copie A du n° 35.

Cette pièce est très-bien gravée par Marc de Ravenne, d'après la seconde planche de Marc-Antoine. Belle épreuve bien conservée.

28 — Les Maries pleurant le corps mort de Jésus-Christ. — **B. 37.**

Jolie épreuve d'une estampe rare, gravée d'après Raphaël, par Marc-Antoine; elle est bien conservée.

29 — Ananie frappé de mort. — **B. 42.**

Cette belle estampe, attribuée à Augustin Vénitien, est presque entièrement gravée par Marc-Antoine, dans sa plus large manière. L'épreuve est belle et en bon état.

30 — Elimas aveuglé par saint Paul. — **B. 43.**

Jolie épreuve, bien conservée, d'une des meilleures pièces gravées par Augustin Vénitien.

31 — Saint Paul prêchant à Athènes. — **B. 44.**

Pièce gravée par Marc-Antoine, d'après Raphaël. Superbe épreuve bien conservée; elle a de la marge.

32 — Notre-Dame à l'Escalier. — **B. 45.**

Superbe épreuve, bien conservée, d'une des belles estampes gravées par Marc-Antoine, d'après Raphaël.

33 — La Sainte Vierge assise sur un trône. — B. 46.

Cette pièce, que Marc-Antoine a laissée inachevée, est gravée d'après un dessin de Raphaël. Belle épreuve bien conservée.

34 — La Vierge assise sur les nues. — B. 47.

Charmante pièce, gravée d'après Raphaël par Marc-Antoine. Très-belle épreuve. (Quelques faiblesses au verso.)

35 — La Vierge, l'Enfant Jésus, le petit saint Jean, et deux Anges. — B. 51.

Pièce gravée par Augustin Vénitien, d'après F. Francia. Superbe épreuve du 1er état, avec la date de 1516 (extrêmement rare). Elle est parfaite de conservation.

36 — La Vierge assise sur les nues. — B. 52.

Gravée d'après Raphaël, par Marc-Antoine. Très-belle épreuve. (Quelques faiblesses de papier.)

37 — La Vierge au poisson. — B. 54.

Pièce gravée (selon Mariette) par Marc de Ravenne, d'après Raphaël. Épreuve du 1er état; elle est bien conservée quoiqu'un peu salie.

38 — La même estampe. — B. 54.

Épreuve du 2e état. La tablette, avec le chiffre de Marc-Antoine, a été ajoutée.

39 — Joseph et un saint évêque au bas de l'autel de la Vierge. — B. 55.

Cette curieuse estampe, gravée en collaboration par trois graveurs, a été achevée par un anonyme; toute la figure de saint Joseph, à droite, est d'Augustin Vénitien, ainsi que la Vierge et l'Enfant; le saint évêque est de Marc de Ravenne. (Rare.)

40 — La Vierge à la longue cuisse. — B. 57.

Très-belle épreuve d'une des meilleures pièces que Marc-Antoine ait gravées d'après Raphaël. (Elle a été restaurée.)

41 — La Vierge au palmier. — B. 62.

Cette pièce, l'une des plus parfaites de l'œuvre de Marc-Antoine, est gravée d'après Raphaël. L'épreuve est très-belle, mais elle est un peu fatiguée.

42 — La Vierge au berceau. — B. 63.

Cette jolie pièce est gravée par Marc-Antoine, d'après Raphaël.

43 — Copie A de l'estampe ci-dessus. — B. 63.

Selon M. de Waldeck, cette pièce serait une répétition du n° 63, et non la copie A, dont parle Bartsch.

44 — Les douze Apôtres, gravés par Marc-Antoine d'après Raphaël — B. 64 à 76.

64. Jésus-Christ. — 65. Saint Pierre. — 66. Saint André. — 67. Saint Jacques. — 68. Saint Jean. — 69. Saint Philippe. — 70. Saint Barthélemy. — 71. Saint Mathieu. — 72. Saint Thomas. — 73. Saint Simon. — 74. Saint Judas-Thaddée. — 75. Saint Mathias. — 76. Saint Paul. Ces 12 pièces, du 2e état, sont uniformes de tirage. Elles sont bien conservées.

45 — Saint Christophe. — Copie du n° 96 de Bartsch.

Cette copie, gravée en contre-partie, est aussi rare que l'original. Jolie épreuve bien conservée.

46 — Saint Georges combattant le dragon. — B. 98.

Cette rare estampe est gravée par Marc-Antoine dans sa 1re manière ; elle est du 1er état ; comme beaucoup d'estampes italiennes, elle a été doublée sans nécessité ; sa conservation est parfaite.

47 — Saint Jérôme. — B. 101.

Pièce gravée par Marc-Antoine, d'après un dessin attribué à Raphaël. Jolie et très-rare épreuve, bien conservée.

48 — Saint Jérôme au petit lion. — B. 102.

Gravée par Marc-Antoine, d'après Raphaël. Belle épreuve de cette pièce, qui est fort rare ; elle est bien conservée, quoiqu'un peu salie.

49 — Saint Jérôme. — B. 103.

Copies des nᵒˢ 101 et 102. Ces pièces sont gravées en contre-partie, par Augustin Vénitien; belles et bien conservées.

50 — Le Martyre de saint Laurent. — B. 104.

Superbe épreuve d'une des plus belles pièces gravées par Marc-Antoine, d'après B. Bandinelli. Elle est imprimée sur une seule feuille. (Elle a été un peu restaurée.)

51 — Saint Sébastien. — B. 109.

Estampe rarissime (dont on ne connaît que 4 épreuves) ; elle est gravée par Marc-Antoine dans sa première manière; le dessin en est attribué à F. Francia ou à And. Mantegna. Épreuve superbe et d'une parfaite conservation.

52 — Les principaux Saints de l'ordre de saint Dominique auprès de la Vierge. — B. 112.

Cette pièce, dont la gravure est attribuée à Augustin Vénitien, est du 2ᵉ état.

53 — La Pièce des cinq Saints. — B. 113.

Gravée par Marc-Antoine, d'après Raphaël. Très-belle épreuve. Un pli soutenu par une légère bande.

54 — Sainte Cécile. — B. 116.

Cette belle estampe est gravée par Marc-Antoine, d'après un dessin de Raphaël. Magnifique épreuve dite *au Collier;* elle est très-bien conservée.

55 — Sainte Cécile. — B. 116.

Copie A, en contre-partie; elle est gravée par Marc de Ravenne. Belle épreuve, bien conservée.

56 — Le Martyre de sainte Félicité. — B. 117.

Pièce gravée par Marc-Antoine, d'après Raphaël. Épreuve superbe et d'une parfaite conservation ; elle a de la marge.

57 — La Sibylle de Cumes. — B. 123.

Rare et très-belle épreuve de cette estampe, qui est gravée par Augustin Vénitien. (Elle est bien conservée.)

58 — Les petits Saints de Marc-Antoine. — B. 124 à 136.

Jésus-Christ et les apôtres, suite de 13 estampes (manque le n° 133, saint Simon). Autre suite de 12 saints, B. 141, 151, 153, 156, 158, 159, 160, 170, 171, 177, 179, 181. Anciennes épreuves.

59 — Didon. — B. 187.

Cette belle estampe (qui ne porte ni le nom, ni la tablette du maître) est gravée par Marc-Antoine, d'après Raphaël. Epreuve du 1er état. Superbe et bien conservée.

60 — Didon. — B. 187.

2e état, avec la retouche inachevée. Épreuve belle, bien conservée.

61 — Les quatre Cavaliers romains. — B. 188 à 191.

Ces 4 pièces sont gravées par Marc-Antoine, dans sa première manière. Jolies épreuves bien conservées.

62 — Lucrèce. — B. 192.

Chef-d'œuvre de Marc-Antoine. C'est la première estampe gravée par ce maître, d'après Raphaël. Belle épreuve, bien conservée.

63 — Cléopâtre. — B. 193.

Jolie estampe gravée par Augustin Vénitien, d'après B. Bandinelli. Belle épreuve, bien conservée. Elle est extrêmement rare.

64 — Iphigénie. — B. 194.

L'une des meilleures pièces gravées par Augustin Vénitien. Très-belle épreuve.

65 — Entellus et Darès. — B. 195.

Marc de Ravenne a gravé cette estampe d'après un dessin de Raphaël. (Belle épreuve doublée.)

66 — L'Empereur rencontrant le guerrier. — B. 196.

Planche commencée par Marc-Antoine, et terminée par Augustin Vénitien. (Belle épreuve restaurée.)

67 — Cléopâtre. — B. 199.

Première planche. Très-jolie estampe gravée par Marc-Antoine, d'après un dessin de Raphaël Superbe épreuve bien conservée.

68 — Cléopatre. — B. 200. (Seconde planche.)

Cette pièce, selon Bartsch, est une répétition de nº 199. Il en attribue également la gravure à Marc-Antoine. Épreuve très-belle, bien conservée.

69 — Camille. — B. 201.

Jolie épreuve de cette estampe gravée par Augustin Vénitien, d'après B. Bandinelli.

70 — Alexandre faisant serrer les livres d'Homère. — B. 207.

Cette estampe, selon Bartsch, est une des plus parfaites que Marc-Antoine ait gravées d'après Raphaël. Belle épreuve bien conservée.

71 — L'Enlèvement d'Hélène. — B. 209.

Pièce gravée par Marc-Antoine, d'après Raphaël. Très-belle épreuve, bien conservée.

72 — La bataille au coutelas. — B. 211.

Cette estampe est gravée par Marc-Antoine, d'après Raphaël. Superbe épreuve, bien conservée ; elle a de grandes marges.

73 — La bataille au coutelas. — B. 212.

Répétition du nº 211. Elle est gravée par Augustin Vénitien ; c'est son chef-d'œuvre. Notre épreuve est très-belle ; un contre-fort a été collé sur un pli au verso de la gravure.

74 — Le Triomphe. — B. 213.

Estampe connue en Italie sous le nom de *Tito*. Elle est gravée par Marc-Antoine, d'après un dessin d'A. Mantegna. Belle épreuve. (Quelques restaurations.) Avec un morceau photographié du 1er état. (Inconnu.)

75 — Danse d'Amours. — B. 217.

Cette pièce n'est pas une copie, mais bien une répétition du nº 217. Elle est gravée par Marc-Antoine, et non par Marc de Ravenne. Ancienne épreuve. (Quelques restaurations.)

2

76 — L'Amour s'enfuyant par mer. — B. 219.

Très-jolie pièce gravée par Marc de Ravenne, d'après Raphaël. Belle épreuve; très-rare.

77 — Silène soutenu par deux Satyres. — B. 222.

Silène, monté sur un âne qui brait, est soutenu par deux satyres. Pièce sans marque; la gravure en est attribuée à Marc-Antoine.

78 — Un Satyre découvrant une Nymphe. — B. 223.

Une nymphe endormie est couchée à droite, sous une espèce de tente; elle a ses deux bras appuyés sur un vase. La gravure de cette estampe est également attribuée à Marc-Antoine.

79 — Galathée s'éloignant de Polyphème. — B. 224.

Cette pièce, de même que les deux qui précèdent, ne porte ni le chiffre, ni la tablette du maître; elle a été probablement gravée par Marc-Antoine.

80 — Apollon gardant les troupeaux d'Admète. — B. 225.

Cette pièce est de Marc de Ravenne; son exécution diffère de celle des n°˚ 222, 223 et 224. Elle n'est assurément pas gravée par le même maître.

81 — Une Nymphe enlevée par un Triton. — B. 229.

Belle pièce gravée par Marc de Ravenne. Elle est bien conservée.

82 — Deux Faunes portant un enfant. — B. 230.

Pièce gravée par Marc-Antoine, d'après un bas-relief antique. Jolie épreuve très-rare.

83 — Léda. — B. 232.

Cette estampe portait originairement le n° 10, dans la suite des 20 pièces composées par Jules Romain et gravées par Marc-Antoine. Augustin Vénitien a totalement changé la composition et l'effet de cette pièce, en substituant au premier fond un paysage; puis, effaçant le bas-relief qui représentait Castor et Pollux sortis des œufs, il y a ajouté un rinceau d'ornement. (Extrêmement rare.)

84 — L'Amour marin. — B. 234.

Gravée par Augustin Vénitien. Bonne épreuve, assez bien conservée, quoiqu'un renfort ait été collé sur un pli au verso.

85 — Vénus couchée sur un dauphin. — B. 239.

Gravée par Augustin Vénitien, cette pièce, qui est bien conservée, paraît
avoir été mal imprimée. (Elle est rare.)

86 — Marche de Silène. — B. 240.

Une des belles pièces gravées par Augustin Vénitien. Jolie épreuve, bien
conservée.

87 — Le Bas-relief aux trois Amours. — B. 242.

Chef-d'œuvre de Marc de Ravenne, que Marc-Antoine n'eût pas désa-
voué. Épreuve belle, bien conservée.

88 — Laocoon. — B. 243.

Gravée par Marc de Ravenne. Belle épreuve bien conservée.

89 — Le Jugement de Pâris. — B. 245.

Gravée par Marc-Antoine, d'après Raphaël. Épreuve superbe bien conservée. (Au verso, plusieurs petites faiblesses ont été soutenues de papier
fin.—Collection du comte de Fries.)

90 — Le Jugement de Pâris. — B. 246.

Copie du n° 245, gravée par Marc de Ravenne. Très-belle épreuve.

91 — Le Parnasse. — B. 247.

Pièce gravée par Marc-Antoine, d'après Raphaël. Très-belle épreuve bien
conservée. (Au verso, un renfort a été appliqué pour soutenir un pli du papier.—Collection Denon.)

92 — La Bacchanale. — B. 248.

Offrande à Priape; pièce gravée par Marc-Antoine, d'après un bas-relief
antique. Épreuve superbe, bien conservée; elle a été légèrement doublée.
(Collection Verstoken.)

93 — La Bacchanale. — B. 249.

Répétition du n° 248. — Elle est en contre-partie. Selon Bartsch, cette
pièce, qui est gravée par Marc-Antoine, est encore plus rare que le n° 248.
(Épreuve faible, bien conservée.)

94 — Danse de faunes et de bacchantes. — B. 250.

Gravée par Augustin Vénitien, d'après un dessin de Raphaël. Épreuve faible. (Tablette à gauche.)

95 — Le Jeune Homme et la Nymphe suivis de l'Amour.— B. 252.

Il existe deux états de cette planche, qui est gravée par Marc-Antoine, d'après Raphaël. Les épreuves du 1er état sont d'une grande finesse de burin. Dans le 2e état (la planche ayant été retouchée), les épreuves sont lourdes. C'est sans doute sur ce 2e état (le seul qu'il ait connu), que Bartsch a établi son jugement. Nous possédons les épreuves des deux états.

96 — Jeune Femme nue assise. — B. 257.

Jolie pièce; la gravure en est attribuée à Marc de Ravenne, d'après Raphaël. Elle est rare. (Collection T. Lawrence.)

97 — La Nymphe près du terme de Pan. — B. 258.

Cette pièce est gravée par Marc de Ravenne, d'après le dessin d'un maître inconnu. Jolie épreuve, rare.

98 — Orphée. — B. 259.

Cette jolie estampe est très-bien gravée par Augustin Vénitien. Épreuve ordinaire; elle est rare. (Collection W. Esdale.)

99 — Vénus et l'Amour. — B. 260.

Fragment du Jugement de Paris, d'après Raphaël. Selon M. de Waldeck, cette pièce est gravée par Marc-Antoine. Belle épreuve bien conservée.

100 — Apollon, Minerve, etc. — B. 263 à 277.

Suite de 16 pièces : Apollon, Minerve, les Muses, etc., gravées par Marc-Antoine, d'après Raphaël. On trouve rarement cette suite égale de ton et de tirage. (Manque le n° 278.)

101 — Un Satyre se défendant pour une Nymphe. — B. 279.

Cette jolie pièce est gravée, d'après F. Francia, par Marc-Antoine, dans sa première manière. Très-belle épreuve.

102 — Les deux Amours. — B. 280.

Estampe gravée par Augustin Vénitien, d'après Raphaël (pièce sans marque). Très-belle épreuve, bien conservée.

103 — Le Satyre et l'Enfant. — B. 281.

L'une des plus jolies pièces gravées par Marc-Antoine, d'après Raphaël. Très-belle épreuve, bien conservée. (Collection Denon.)

104 — Léda. — B. 283.

Cette pièce est gravée par Marc de Ravenne, d'après un dessin de Raphaël ou de Jules Romain (elle est sans marque). Épreuve belle, bien conservée.

105 — Le Lever de l'Aurore. — B. 293.

Pièce de forme ovale, gravée d'après Raphaël, par Marc-Antoine. Belle épreuve toute marge; elle est très-rare.

106 — Le jeune et le vieux Bacchant. — B. 294.

Belle pièce gravée par Marc-Antoine, d'après un dessin attribué à Raphaël ou à Jules Romain. Jolie épreuve, bien conservée.

107 — Orphée et Eurydice. — B. 295.

Cette estampe est gravée par Marc-Antoine, d'après un de ses dessins. Belle épreuve, très-rare, bien conservée.

108 — Faune accompagné d'un enfant. — B. 296.

Cette belle estampe est gravée par Marc-Antoine, d'après un dessin qu'on attribue à Raphaël. Épreuve superbe, bien conservée.

109 — Vénus sortie du bain. — B. 297.

Cette charmante estampe est gravée, d'après Raphaël, par Marc-Antoine. C'est une des plus rares et des plus parfaites de son œuvre. Très-belle épreuve, bien conservée. (Deux petites taches d'huile.)

110 — Phaéton. — B. 298.

Pièce gravée par Augustin Vénitien, d'après un dessin attribué à Raphaël. Jolie épreuve, bien conservée.

111 — Le Satyre portant une Nymphe. — B. 390.

Très-jolie pièce, gravée par Marc de Ravenne, d'après Jules Romain. Elle ne porte aucune marque. Belle épreuve.

112 — Les Termes et Statues en gaines. — B. 301.

Les deux Hercules, pièce gravée par Augustin Vénitien. Ancienne épreuve.

113 — Les Termes et Statues en gaines. — B. 302.

Une jeune femme portant sur sa tête un panier ; une autre jeune femme dont on ne voit que la partie supérieure du corps. Cette pièce est gravée par Augustin Vénitien, et porte la date de 1536. C'est une copie de celle de Marc-Antoine, la seule que ce dernier ait gravé dans cette suite. Elle n'est pas décrite, et par conséquent extrêmement rare. La Bibliothèque impériale en possède un exemplaire. Il est classé dans l'œuvre d'Augustin Vénitien.

114 — Les deux Satyres dont l'un porte une Nymphe. — B. 305.

Cette pièce est gravée par Marc-Antoine dans sa première manière ; le chiffre du maître se voit à la droite d'en bas. Elle porte au verso le nom de P. Mariette. Superbe épreuve, parfaite conservation.

115 — La Vendange. — B. 306.

Cette pièce est l'une des plus parfaites que Marc-Antoine ait gravées d'après Raphaël. Superbe épreuve, bien conservée. Elle est très-rare.

116 — Le Faune et le Tigre. — B. 307.

Cette pièce (nous croyons pouvoir l'affirmer) est gravée par Marc-Antoine, contrairement à l'opinion de Bartsch, qui en attribue la gravure à Marc de Ravenne. Épreuve belle et bien conservée.

117 — Bacchus. — B. 308.

Il est représenté debout, de profil, dans une niche. — Cette pièce (de même que le n° 307) est gravée par Marc-Antoine. Épreuve ancienne.

118 — Le Jeune Olympe. — B. 309.

La statue du jeune Olympe, pièce gravée par Marc-Antoine. Très-belle épreuve.

119 — Vénus, l'Amour et Pallas. — B. 310.

Cette pièce est gravée par un anonyme d'un médiocre talent. Elle est cependant fort rare. L'épreuve que nous possédons est belle, malgré quelques restaurations dans sa partie supérieure.

120 — Vénus et l'Amour. — B. 311.

Cette estampe est une des plus belles de Marc-Antoine; il l'a gravée d'après un dessin de Raphaël. Belle et rare épreuve. (Elle est doublée.)

121 — Copie de la pièce précédente. — B. 311.

Elle est gravée par Mellan. Très-belle épreuve de cette estampe, qui est aussi rare que la pièce originale. Elle est bien conservée.

122 — Vénus accroupie. — B. 313.

Pièce gravée par Marc-Antoine dans sa première manière, d'après un dessin de Francia. Belle épreuve. Un contre-fort a été collé sur un pli au verso.

123 — Orphée assis. — B. 314.

Marc-Antoine a gravé cette estampe dans la manière d'Albert Durer. Belle épreuve; elle est bien conservée.

124 — Hercule au berceau. — B. 315.

Pièce gravée d'après Jules Romain, par Augustin Vénitien. Épreuve du 2e état.

125 — Hercule et Antée. — B. 316.

Cette estampe est gravée d'après Raphaël, par Augustin Vénitien. C'est un de ses meilleurs ouvrages. Épreuve du 1er état, très-belle, bien conservée.

126 — Vénus et l'Amour. — B. 318.

Pièce gravée par Augustin Vénitien, d'après Jules Romain; elle ne porte aucune marque. Très-belle épreuve, bien conservée. (Elle est rare.)

127 — Le Satyre surprenant la Nymphe. — B. 319.

Très-jolie pièce, gravée par Marc-Antoine dans sa première manière. Cette rare estampe est superbe d'épreuve, et bien conservée.

128 — L'Amour et les trois Enfants. — B. 320.

Estampe gravée par Marc-Antoine, dans sa première manière, d'après le dessin d'un maître inconnu. Très-belle et très-rare épreuve. (Une légère restauration sur le bord de gauche.)

129 — Pyrame et Thisbé. — B. 322.

Jolie pièce, très-rare, que Marc-Antoine a gravée dans sa première manière, d'après le dessin d'un maître inconnu. Très-belle épreuve d'une parfaite conservation.

130 — Vénus sur la mer. — B. 323.

Gravée par Marc de Ravenne, d'après Raphaël. Épreuve bien conservée. (Elle est rare.)

131 — Vénus et l'Amour portés sur des dauphins. — B. 324.

Cette pièce est gravée aussi par Marc de Ravenne, d'après Raphaël. Jolie épreuve bien conservée.

132 — Pan et Syrinx. — B. 325.

Jolie pièce, d'après Raphaël, gravée par Marc-Antoine; première planche dite *à l'Escargot*. Très-belle et très-rare épreuve. (Quelques petites restauration dans la partie supérieure. Un ton d'encre de Chine a été passé sur la totalité de l'estampe.

132 bis. — Pan et Syrinx; répétition du n° 325.

Cette pièce est bien réellement une répétition et non une copie du n° 325 (Bartsch lui-même semble l'affirmer). La seule différence, c'est que l'Escargot, que l'on voit dans la première planche, a été supprimé dans celle-ci. (Collection Donadieu.)

133 — Vulcain, Vénus et l'Amour. — B. 326.

Cette pièce est gravée par Marc-Antoine dans sa première manière, d'après le dessin d'un anonyme. Elle est très-rare. Superbe épreuve, doublée d'un papier de soie.

134 — Apollon du Belvédère. — B. 328.

Statue gravée par Augustin Vénitien. Cette pièce est rare, elle est bien conservée. (Les coins un peu coupés.)

135 — Apollon du Belvédère. — B. 329.

Répétition du nº 328. Cette pièce est aussi gravée par Augustin Vénitien, elle est en contre-partie. La statue est placée dans une niche. Très-belle épreuve. (Rare.)

136 -- Apollon du Belvédère. — B. 331.

Autre répétition du nº 328. — Cette pièce, selon Bartsch, bien qu'elle ne porte aucune marque, est incontestablement gravée par Marc-Antoine. Rarissime, et très-belle d'épreuve. (Quelques restaurations.)

137 — Apollon statue. — B. 333.

Pièce gravée par Marc-Antoine, dans sa seconde manière, dessin plus large et plus correct. Belle épreuve, doublée.

138 — Pallas (pièce non décrite).

Cette estampe est gravée par Marc-Antoine; il l'a exécutée à Bologne, en 1529 ou 1530. C'est un de ses derniers ouvrages. (Rare.)

139 — Apollon. — B. 334.

Pièce gravée par Marc-Antoine, d'après un dessin de Raphaël. Elle est incontestablement supérieure au nº 333 (contrairement à l'opinion de Bartsch). Très-belle épreuve, bien conservée.

140 -- L'Enfant offert à Priape. — B. 336.

Cette pièce, gravée par Augustin Vénitien, est une copie exacte de l'estampe gravée par le Maître au Caducée. Elle est extrêmement rare; belle épreuve bien conservée. (Collection Denon.)

141 - Pallas. — B. 337.

Pièce gravée par Marc-Antoine, d'après Raphaël ou Jules Romain. Elle est sans marque. Belle épreuve, bien conservée, et rare.

141 bis. — Copie du nº 337.

Elle est admirablement gravée par Marc de Ravenne.

142 -- Le Jugement de Pâris. - B. 339.

Jolie pièce gravée par Marc-Antoine dans sa première manière. Cette estampe, qui ne porte aucune marque, est gravée d'après le dessin d'un autre inconnu. Très-belle épreuve, bien conservée.

143 — Les trois Grâces. — B. 340.

Marc-Antoine a gravé cette estampe d'après un bas-relief antique. Jolie épreuve. (Quelques restaurations.)

144 — Jupiter embrassant l'Amour. — B. 342.

Pièce gravée par Marc-Antoine, d'après une peinture de Raphaël, au Palais Ghigi. Très-belle épreuve, bien conservée.

145 — Mercure descendant du Ciel. — B. 343.

Marc-Antoine a également gravé cette estampe d'après une peinture de Raphaël, au Palais Ghigi. Jolie épreuve, bien conservée; elle est sans marque.

146 — Cupidon et les trois Grâces. — B. 344.

Jolie pièce gravée par Marc-Antoine, d'après Raphaël. Belle épreuve. (Quelques restaurations.)

147 — Mars, Vénus et l'Amour. — B. 345.

Belle pièce gravée par Marc-Antoine, d'après André Mantegna. Épreuve de la plus grande rareté. Elle est avant le brandon.

148 — Hercule et Antée. — B. 346.

Cette estampe, une des plus belles que Marc-Antoine ait gravées d'après Raphaël, est superbe d'épreuve, bien conservée.

149 — Apollon et Hyacinthe. — B. 348.

Pièce gravée par Marc-Antoine, dans sa première manière, d'après un dessin de Francia. Belle et rare épreuve. (Un peu fatiguée.)

150 — Vénus et Vulcain entourés d'Amours. — B. 349.

Jolie pièce gravée, d'après Raphaël, par Augustin Vénitien; c'est un de ses meilleurs ouvrages. Belle épreuve, bien conservée.

151 — Galathée. — B. 350.

Superbe épreuve d'une des plus belles pièces que Marc-Antoine ait gravées, d'après Raphaël. Elle est bien conservée. (Rare.)

152 — Le Quos Ego. — B. 352.

Neptune apaisant la tempête qu'Éole avait excitée contre la flotte d'Énée ; gravé par Marc-Antoine, d'après Raphaël. Le sujet principal (très-beau d'épreuve) a été appliqué sur une épreuve de la retouche de Salamanca.

153 — La Femme au croissant. — B. 354.

Gravée par Marc-Antoine d'après un dessin attribué à F. Francia. Jolie épreuve, bien conservée. (Très-rare.)

154 — Amadée. — B. 355.

Cette jolie pièce est gravée par Marc-Antoine, d'après Francia. Elle est belle d'épreuve et bien conservée.

155 — L'Homme aux deux trompettes — B. 356.

Cette pièce est, selon Bartsch, un des chefs-d'œuvre de Marc-Antoine ; il l'a gravée d'après un dessin de B. Bandinelli. Très-belle et très-rare épreuve. (Elle a été doublée)

156 — Copie de la pièce précédente (L'Homme aux deux trompettes). — B. 356.

Elle est gravée en contre-partie par Marc de Ravenne.

157 — La Tempérance. — B. 358.

Jolie pièce gravée par Augustin Vénitien, d'après Raphaël. Belle épreuve, bien conservée et très-rare.

158 — Le Songe de Raphaël. — B. 359.

Gravé par Marc-Antoine dans sa première manière. Jolie épreuve de cette pièce, qui est rare.

159 — Le Jeune Homme au Brandon — B. 360.

Cette pièce est l'une des plus belles que Marc-Antoine ait gravées dans sa première manière. Épreuve belle, bien conservée. Très-rare.

160 — Trajan entre la ville de Rome et la Victoire. — B. 361.

Marc-Antoine a gravé cette pièce d'après un bas-relief de l'Arc de Constantin. Belle épreuve, soutenue au verso par une bande de papier fin.

161 — Copie en contre-partie du n° 364 de Bartsch.

(L'Homme et la femme tenant un voile). Elle est gravée par un anonyme, habile, et ne porte aucune marque.

162 — Le Temps. — B 365.

Superbe pièce gravée d'un burin extrêmement délicat, par Marc-Antoine, d'après Raphaël, dit Bartsch. Belle épreuve, bien conservée. Elle est très-rare.

163 — Le Vieux Berger et le Jeune Homme. — B. 366.

Gravée par Marc-Antoine, d'après Raphaël; c'est la seule pièce qu'il ait signée des lettres M.-A. R., qui se voyent au milieu d'en bas. Épreuve fine, mais mal imprimée.

164 — Le Bâton courbé. — B. 369.

Marc-Antoine a gravé cette pièce d'après un dessin attribué à F. Francia. Belle épreuve, bien conservée.

165 — La Prudence. — B. 371.

Gravée par Marc-Antoine, d'après un dessin attribué à Raphaël. Très-belle épreuve, bien conservée.

166 — La Femme aux deux éponges. — B. 373.

Pièce gravée, d'après le dessin de F. Francia, par Marc-Antoine. Jolie épreuve. (Une bande appliquée au verso.)

167 — La Force. — B. 375.

Gravée par Marc-Antoine, d'après un dessin attribué à Mantegna. Jolie épreuve, bien conservée.

168 — La Tempérance. — B. 376.

Pièce gravée aussi par Marc-Antoine, d'après Mantegna. Belle épreuve, bien conservée.

169 — L'Homme et la Femme aux boules. — B. 377.

Très-jolie pièce gravée par Marc-Antoine dans sa première manière, d'après le dessin de F. Francia. Belle épreuve, bien conservée; très-rare.

170 — Un Homme fouettant la Fortune. — B. 378.

Pièce gravée par Marc-Antoine également dans sa première manière, d'après un dessin attribué à Francia. Belle épreuve, parfaite de conservation ; elle est très-rare.

171 — La Pureté. — B. 379.

Cette pièce, l'une des plus jolies et des plus fines d'Augustin Vénitien, est gravée d'après Raphaël. Superbe épreuve du second état. (Collection W. Esdale.)

172 — L'Homme montrant une hache à une femme. — B. 380.

Pièce gravée par Marc-Antoine dans sa première manière. Épreuve superbe, bien conservée. (Collection E. Durand.)

173 — La Philosophie. — B. 381.

Cette très-belle et très-rare estampe est gravée par Marc-Antoine, d'après une peinture de Raphaël, au Vatican. Elle est sans marque. Belle épreuve. Un léger contre-fort a été appliqué à gauche pour soutenir un pli.

174 — La Poésie. - - B. 382.

Pièce très-rare, admirablement gravée par Marc-Antoine, d'ap. Raphaël. Superbe épreuve, légèrement restaurée à gauche.

175 — Le Jeune Homme à la lanterne. — B. 384.

Estampe gravée par Marc-Antoine, d'après un dessin attribué à Raphaël. Jolie épreuve, bien conservée.

176 — Les Vertus. -- B. 386 à 392.

Ces 7 pièces, qui représentent : La Charité, la Foi , la Justice, la Force, la Tempérance, l'Espérance et la Prudence, sont gravées d'après Raphaël. Elles sont belles d'épreuves, bien conservées et d'une impression égale.

177 — La Paix. — B. 393.

Jolie pièce gravée par Marc-Antoine, d'après Raphaël. Très-belle épreuve, bien conservée.

178 — Copie D. de la pièce précédente. — B. 394.

Elle est gravée en contre-partie par un anonyme. Belle épreuve.

179 — La Force. — B. 395.

Cette jolie pièce est gravée par Marc de Ravenne, d'après un dessin attribué à Raphaël ou à Jules Romain. Comme exécution, c'est le chef-d'œuvre du maître. Épreuve belle, bien conservée.

180 — Le Serpent parlant à un jeune homme. — B. 396.

Pièce gravée par Marc-Antoine dans sa première manière. Très-belle épreuve, bien conservée. (Collection Debois.)

181 — Les deux Femmes au zodiaque. — B. 397.

Gravée par Marc-Antoine, d'après Raphaël. Cette pièce est très-belle d'épreuve et bien conservée. (Elle a été pliée.)

181 — Le Joueur de violon entouré de trois femmes nues. — B. 398.

Pièce gravée par Marc-Antoine dans sa première manière, d'après un dessin attribué à Mantegna. Très-belle épreuve, bien conservée.

182 — La jeune Femme entre deux Hommes. — B. 399.

Gravée par Marc-Antoine dans sa première manière. Cette pièce est très-belle et bien conservée.

183 — Les trois Animaux dans un ovale. — B. 405.

Pièce gravée par Marc de Ravenne; elle est très-rare. Superbe épreuve, bien conservée.

184 — Le Dragon et l'Abeille. — B. 406.

Pièce très-rare, gravée par Augustin Vénitien. Elle est bien conservée.

185 — L'Enfant assis sur un monstre marin. — B. 413.

Cette pièce, décrite par Bartsch comme étant une copie faite en contre-partie par un anonyme, est bien l'estampe originale gravée par Marc-Antoine.

186 — La Peste. — B. 417.

Jolie épreuve, bien conservée, d'une des meilleures pièces gravées par Marc-Antoine. (Une très-petite restauration dans le bord du nuage à droite.)

187 — La Bataille. — B. 420.

Pièce gravée par Marc de Ravenne, d'ap. un dessin attribué à Raphaël ou à Jules Romain. Très-belle épreuve. (Manque de conservation.)

188 — Chasse aux lions. — B. 422.

Cette estampe est gravée très-finement par Marc-Antoine, d'après un bas-relief antique. Jolie épreuve, bien conservée.

189 — Les Squelettes. — B. 424.

Pièce gravée par Augustin Vénitien, d'après Baccio Bandinelli. Belle épreuve. (Quelques restaurations.)

190 — Le Berger et la Nymphe couchée. — B. 429.

Petite pièce rarissime, l'une des plus jolies que Marc-Antoine ait gravées, d'après Raphaël. Superbe épreuve, bien conservée.

**191 — La Jeune Mère s'entretenant avec deux hommes.
— B. 432.**

Marc-Antoine a gravé cette estampe d'après un dessin attribué à F. Francia. Jolie épreuve, bien conservée.

192 — L'Homme à genoux à la lisière d'un bois. — B. 433.

Pièce gravée par Marc-Antoine, d'après un dessin attribué à F. Francia. Belle épreuve, bien conservée.

193 — Le Vieillard et le Jeune Homme gras. — B. 436.

Belle épreuve, bien conservée, de cette estampe, gravée par Marc-Antoine d'après F. Francia.

194 — La Femme qui s'arrache les cheveux. — B. 437.

Pièce gravée par Marc-Antoine dans sa première manière, d'après F. Francia. Elle est sans marque. Jolie épreuve, bien conservée. (Très-rare.)

195 — Un Empereur assis. (Le premier). — B. 441.

Gravée par Marc-Antoine dans sa première manière, d'après un dessin attribué à Raphaël. Très-belle épreuve.

196 — Un Empereur assis. (Le second). — B. 442.

Très-belle épreuve de cette pièce, qui a été gravée par Marc-Antoine, d'après Raphaël.

197 — La Femme en méditation. — B. 445.

Cette pièce, gravée par Marc-Antoine, est une répétition du n° 443 de Bartsch. Belle épreuve, bien conservée.

198 — Le Paysan et la femme aux œufs. — B. 453.

Pièce rare, gravée d'après Raphaël par Augustin Vénitien. Jolie épreuve; elle est doublée.

199 — La Vieille allant à la fosse. — B. 456.

Pièce attribuée à Marc-Antoine. Elle est gravée d'après un dessin de Raphaël. Belle épreuve.

200 — La Femme pensive. — B. 460.

La gravure de cette belle estampe est attribuée à Marc-Antoine, d'après un dessin du Parmesan. Jolie épreuve, bien conservée.

201 — Le Guerrier. — B. 461.

Gravé par Augustin Vénitien, d'après un dessin attribué à Raphaël. Jolie épreuve, bien conservée. (Rare).

202 — Les Pèlerins. — B. 462.

Cette pièce est une copie faite (en contre-partie) par Marc-Antoine, de l'estampe de Lucas de Leyde.

Belle épreuve du premier état; elle est bien conservée. (Très-rare).

203 — Les deux Hommes nus debout. — B. 464.

Estampe gravée sans aucun doute par Marc-Antoine; elle a été seulement attribuée jusqu'ici à ce grand maître, par la plupart des iconographes. Belle épreuve, bien conservée.

204 — L'Homme examinant la blessure de son pied. — B. 465.

Marc-Antoine (dans sa première manière) a gravé cette estampe d'après le dessin d'un anonyme. Superbe épreuve, bien conservée.

205 — La Femme de retour de la chasse. — B. 466.

Cette pièce est attribuée à Marc de Ravenne ; il l'aurait gravée d'après l'antique. Jolie épreuve; bien conservée, elle est très-rare.

Collection Mariette.

206 — Homme assis tenant une flûte. — B. 467.

Gravée par Marc-Antoine d'après un dessin de Baccio Bandinelli. Jolie épreuve, bien conservée.

207 — Les Chanteurs. — B. 468.

Pièce gravée par Marc-Antoine, d'après un de ses dessins. Très-belle épreuve, bien conservée (Très-rare).

Collections Debois et Verstoken.

208 — Le Joueur de guitare. — B. 469.

Cette pièce est une des meilleures que Marc-Antoine ait gravées dans sa première manière. Le dessin en est attribué à Francia. Superbe épreuve, bien conservée.

209 — La Femme portant un vase sur sa tête. — B. 470.

Pièce gravée par Augustin Vénitien. Jolie épreuve, bien conservée. (Elle est rare.)

210 — L'Homme tenant une femme par les mains. — B. 471.

Cette pièce, en partie gravée par Marc-Antoine, a été terminée par Augustin Vénitien, d'après un dessin de Raphaël. Belle épreuve; elle a de la marge.

211 — L'Homme qui se chausse. — B. 472.

Pièce gravée par Marc-Antoine, dans sa première manière. Épreuve faible. (Rare).

212 — La Barque. — B. 473.

Augustin Vénitien a gravé cette estampe d'après un dessin de Raphaël. Jolie épreuve, bien conservée. (Rare.)

3

213 — Femme debout près d'un vase. — B. 474.

Gravée par Augustin Vénitien, d'après Raphaël. Jolie épreuve, bien conservée.

214 — Femme assise près d'un vase. — B. 475.

Autre pièce gravée par Augustin Vénitien, d'après Jules Romain. Épreuve fine, bien conservée.

215 — L'Homme portant la base d'une colonne. — B. 476.

Gravée d'après un dessin de Raphaël, par Marc-Antoine. Superbe épreuve. (Quelques restaurations.)

216 — Même sujet. — B. 477.

Répétition de l'estampe précédente; elle est gravée, en contre-partie, par Augustin Vénitien. (Jolie épreuve.)

217 — L'Assemblée des savants. — B. 479.

Pièce gravée d'après Salviati, par Marc de Ravenne. (Épreuve faible.)

218 — L'Homme au drapeau. — B. 481.

Gravée par Marc-Antoine, d'après Raphaël. (Pièce sans marque.) Belle épreuve, bien conservée.

219 — Répétition de la pièce précédente. — B. 482.

Copie gravée par Augustin Vénitien, d'après l'estampe de Marc-Antoine.

220 — Angélique et Médor. — B 484.

Gravée par Marc-Antoine, d'après un dessin attribué à Jules Romain. Belle épreuve, bien conservée. (Très-rare.)

221 — Répétition de la pièce précédente. — B. 485.

Estampe gravée par Augustin Vénitien.

222 — Les Grimpeurs. — B. 487.

Cette estampe, gravée par Marc-Antoine, d'après Michel-Ange, est une des plus belles et des plus rares de l'œuvre de ce célèbre graveur. (Épreuve superbe, bien conservée.)

223 — Le Grimpeur montant sur le rivage. — B. 488.

Pièce gravée par Marc-Antoine dans sa première manière ; c'est un fragment de la composition décrite ci-dessus. Épreuve très-belle, bien conservée ; elle a deux centimètres de marge.

224 — La Cassolette. — B. 489.

Jolie estampe gravée par Marc-Antoine, d'après Raphaël. Très-belle épreuve, bien conservée (une légère déchirure à la droite d'en bas).

225 — Le pape Léon X. — B. 493.

Portrait gravé par Marc-Antoine. Belle épreuve d'une estampe très-rare.

226 — Les douze Césars. — B. 501 à 512.

Gravé par Marc-Antoine, dans sa dernière manière. Épreuves du second état, avec les numéros.

227 — Portrait de l'Arétin. — B. 513.

Marc-Antoine a gravé ce portrait d'après le Titien ; c'est le chef-d'œuvre de Raimondi. Très-belle épreuve, bien conservée, elle est à toute marge. (Extrêmement rare.)

228 — Statue équestre de Marc-Aurèle. — B. 514.

Cette estampe a été gravée par Marc-Antoine, peu de temps après son arrivée à Rome. Jolie épreuve, bien conservée. (Très-rare.)

229 — L'archevêque de Brindes. — B. 517.

Portrait gravé par Augustin Vénitien. Épreuve ordinaire, bien conservée. (Rare.)

230 — Portrait du pape Paul III. — B. 521.

Gravé par Augustin Vénitien. Épreuve un peu rognée à gauche. (Rare).

231 — Pièce inédite. — Non décrite.

Cette pièce, gravée par Augustin Vénitien d'après une caricature de Léonard de Vinci, représente trois figures vues à mi-corps : un homme offre une bourse à une vieille femme, coiffée et parée ; derrière eux on voit une tête qui fait la grimace ; l'année 1516 est visible en blanc sur le fond noir du haut à droite. Très-belle épreuve.

Collection Woodburn.

232 — Pièce inédite. — Non décrite.

Une Nymphe couchée, endormie, est appuyée contre un arbre ; elle est convoitée par un Satyre ; il soulève la draperie qui la couvre. Le chiffre de Marc-Antoine, formé des lettres M. F., est placé en bas à gauche.

Cette pièce provient des collections Réville et Debois. (A cette dernière vente, en 1843, elle fut vendue 212 fr. — L. 9 cent. II. 8 cent.)

233 — La Façade aux Cariatides. — B. 538.

Cette pièce est très-bien gravée par Marc-Antoine, d'après un dessin attribué à Raphaël. (Elle ne porte point de marque.)

234 — Vase à deux anses. — B. 543.

Un vase à deux anses, dont chacune est formée par deux serpents. Pièce gravée par Augustin Vénitien.

235 — Panneau d'ornement. — B. 557.

Cette pièce est gravée, d'après l'antique, par Marc de Ravenne.

236 — La Passion de Jésus-Christ. — B. 584 à 620.

Suite de 37 pièces gravées par Marc-Antoine.

Ce sont les copies exactes des planches gravées sur bois par Albert Durer. Vingt-cinq de ces estampes sont avant les numéros. (Rares).

237 — La Vie de la Vierge. — B. 621 à 637.

Ces pièces, gravées par Marc-Antoine, sont également copiées des planches en bois exécutées par Albert Durer. Seize pièces. Très-belles épreuves ; excepté les n°s 623, 624 et 628.

228 — Pièce non décrite.

La Vierge (couronnée de roses) présente l'Enfant Jésus à une sainte femme. Cette pièce, qui n'est pas décrite, est assurément gravée par Marc-Antoine.

239 — Autre pièce non décrite.

Saint Étienne et saint Laurent, placés l'un à droite, l'autre à gauche d'un saint évêque. Cette pièce, qui n'est pas décrite, est incontestablement gravée par Marc-Antoine.

240 — L'Adoration des Rois. — B. 638.

Cette pièce est une copie de la gravure sur bois d'Albert Durer ; elle est sans marque. Jolie épreuve, bien conservée.

241 — La Vierge aux Anges. — B. 639.

Cette estampe est une copie du n° 99 des pièces gravées sur bois par Albert Durer ; le chiffre est dans une tablette à la droite d'en bas. Épreuve du premier état, bien conservée.

242 — Saint Christophe. — B. 641.

Saint Christophe portant l'Enfant Jésus. Cette pièce est une copie du n° 104 des gravures sur bois d'Albert Durer.

243 — Saint François stigmatisé. — B. 642.

Cette pièce est une copie gravée d'après Albert Durer ; n° 110 des pièces sur bois.

244 — Saint Jean l'évangéliste et saint Jérôme. — B. 643.

Cette estampe est une copie gravée par Marc-Antoine d'après le n° 112 des pièces sur bois d'Albert Durer. Très-belle épreuve, bien conservée ; elle est très-rare. (Coll. Dubois.)

245 — Le Corps de Jésus-Christ pleuré par les saintes Femmes. — B. 647.

Cette pièce est la plus importante que Marc-Antoine ait copiée d'après Albert Durer ; elle est très-belle et très-rare.

246 — Les Trois Paysans. — B. 648.

Cette pièce, qui est un des premiers essais de Marc-Antoine, est une copie de l'estampe d'Albert Durer. B. n° 86 de l'œuvre.

247 — Le Seigneur et la Dame. — B. 652.

Copie en contre-partie de l'estampe d'Albert Durer. B. n° 94 de l'œuvre.

248 — Pièce non décrite, restituée à l'œuvre de Marc-Antoine.

La Cène, pièce en largeur ; les treize figures sont assises sous une voûte percée au centre et dont la lumière éclaire toute la composition :

vers le milieu du bas, un chien est couché; sur le sol à carreaux, il tient
un os. De chaque côté dans les angles du haut on voit un œil-de-bœuf.
Le fond représente une colonnade.

Cette composition est d'un maître de l'École lombarde; c'est un des premiers essais de Marc-Antoine. On retrouve le même travail dans la Cène
dite « aux pieds, » et dans beaucoup d'autres pièces de ce grand artiste.
W. Esdale, qui possédait cette gravure, l'avait classée dans l'œuvre de
Marc-Antoine; elle est si rare que deux épreuves seulement sont connues.
La première fait partie de la collection de M. Dutuy; la deuxième est
celle que nous décrivons.

249 — Pièce non décrite.

Cette pièce (nous le croyons) est une nielle gravée par Marc-Antoine, d'a-
près Raphaël; on ne connaît que deux épreuves de cette estampe : la
première faisait partie de la collection Woodburn, celle que nous possédons provient de la collection de Pierre Lely. H. 17 cent. L. 22 cent.
Épreuve superbe; quelques légères restaurations dans le blanc de la partie
supérieure.

SUPPLÉMENT

250 — Joseph et Putiphar. — B. 9.

Gravés par Marc-Antoine, d'après Raphaël. Jolie épreuve, bien conservée.

251 — Le Parnasse. — B. 247.

Gravé par Marc-Antoine d'après Raphaël. Très-belle épreuve, d'une parfaite conservation.

Collection Rainaldi.

252 — La Bacchanale, première planche. — B. 248.

Épreuve faible, bien conservée; quelques contreforts collés pour soutenir
des plis.

253 — Bacchus. — B. 308.

Statue de Bacchus. Jolie épreuve.

254 — Le Joueur de violon entouré de trois femmes. — B. 398.

Gravé par Marc-Antoine d'après A. Mantegna. Jolie épreuve, bien conservée.

Collections Rainaldi et W. Esdale.

255 — La Jeune Femme entre deux hommes. — B. 399.

Pièce gravée par Marc-Antoine. Très-belle épreuve, bien conservée.
Collections Rainaldi et W. Esdale.

256 — Le Vieillard et le jeune homme gras. — B. 436.

Pièce gravée par Marc-Antoine d'après Francia. Belle épreuve.
Collection Debois.

257 — Sous ce numéro seront vendues plusieurs pièces non cataloguées.

Renou et Maulde, imprimeurs de la Compagnie des Commissaires-Priseurs, rue de Rivoli, 144.   22755